# COMMISSION DES RÉPARATIONS

---

I

# ÉTAT

DES

# OBLIGATIONS DE L'ALLEMAGNE

## AU TITRE DES RÉPARATIONS, ETC.

### A LA DATE DU 30 AVRIL 1922

---

LIBRAIRIE FÉLIX ALCAN

# COMMISSION DES RÉPARATIONS

# COMMISSION DES RÉPARATIONS

I

# ÉTAT

DES

# OBLIGATIONS DE L'ALLEMAGNE

## AU TITRE DES RÉPARATIONS, ETC.

## A LA DATE DU 30 AVRIL 1922

*Extraits des registres de Comptabilité*
*de la Commission des Réparations*

## PARIS

### LIBRAIRIE FÉLIX ALCAN

108, BOULEVARD SAINT-GERMAIN, 108

1922

Tous droits de traduction et de reproduction réservés.

# TABLE DES MATIÈRES

## Tableau VIII



## Tableau IX



## APPENDICE

### Traité de Versailles



### Accord interallié de Spa (16 juillet 1920)



### Arrangement financier interallié de Paris
### (11 mars 1922)

# INTRODUCTION

Les tableaux contenus dans le présent volume sont publiés en vue de renseigner le public, et plus particulièrement celui qui s'intéresse aux questions économiques, sur les payements effectués par l'Allemagne en exécution de la Partie VIII du Traité de Versailles et sur la répartition de ces payements entre les Puissances Alliées.

L'attention est tout particulièrement attirée sur le fait qu'un grand nombre des chiffres contenus dans les tableaux sont encore, pour une raison ou pour une autre, absolument provisoires ; ces chiffres provisoires, dont les plus importants sont indiqués dans le présent document en italique, sont purement estimatifs et la Commission des Réparations n'y attache pas d'autre valeur que celle d'une simple approximation.

La marge d'erreur varie considérablement selon les cas. Toutefois, il n'est pas probable que les conclusions principales que l'on pourra tirer des comptes actuellement présentés se trouvent profondément modifiées lorsque les divers montants en question auront été définitivement fixés. On s'est efforcé d'indiquer dans les notes qui accompagnent les comptes séparés, la mesure dans laquelle les chiffres importants sont provisoires. La Commission se propose de publier deux fois par an de nouveaux états qui remplaceront les états précédents et réduiront le degré d'approximation.

Les explications générales ci-après permettront de bien comprendre les comptes qu'on s'est attaché à présenter sous la forme la plus claire que permettaient les complications inhérentes à cette matière. Tout d'abord, la Commission des Réparations doit tenir deux sortes de comptes principaux : les comptes de la Commission des Réparations avec l'Allemagne et les comptes de la Commission des Réparations avec les diverses Puissances qui reçoivent une partie des payements de l'Allemagne. On aurait pu s'attendre à ce que ces deux séries de comptes ne fussent guère autre chose qu'un groupement différent des mêmes chiffres, mais deux faits détruisent la correspondance étroite entre ces deux séries de comptes.

En premier lieu, dans un cas important, tout au moins, celui de la livraison des navires de commerce en exécution de l'Annexe III à la partie des réparations du Traité de Versailles, la valeur créditée à l'Allemagne ne correspond pas à celle dont les Puissances réceptionnaires sont débitées. Cette différence est due à une disposition de l'Arrangement financier interallié signé à Spa le 16 juillet 1920. Cet Arrangement établissait, pour la répartition entre les Alliés, question qui, en vertu de l'Art. 237 du Traité, est de la compétence exclusive des Gouvernements alliés, une méthode d'évaluation des navires qui n'a pas été acceptée ensuite par la Commission comme base d'évaluation pour la fixation du crédit à accorder à l'Allemagne.

L'inscription au crédit de l'Allemagne a été basée sur l'estimation la plus exacte que la Commission ait pu donner de la valeur des navires au moment de la livraison ; la base sur laquelle les inscriptions de débits interalliés ont été établies est indiquée dans l'extrait de l'Accord de Spa reproduit à l'appendice.

La différence ainsi produite dans les comptes est compensée par une disposition, dans le détail de laquelle il est inutile d'entrer ici, et qui est contenue dans un arrangement interallié ultérieur signé à Paris le 11 mars 1922.

Le second facteur qui détruit la correspondance entre les deux séries de comptes est l'intervention d'accords interalliés qui n'ont pas suivi rigoureusement à tous égards les dispositions du Traité pour la répartition des recettes et leur application aux différentes catégories d'obligations imposées à l'Allemagne. On comprendra que ces dérogations n'affectent en aucune manière les obligations de l'Allemagne, mais seulement la répartition provisoire entre les Puissances.

L'explication suivante sur la nature des obligations de l'Allemagne pendant la période dont nous nous occupons fera comprendre la portée de cette observation. Cette période peut se subdiviser en trois autres périodes. La première commence à l'entrée en vigueur du Traité, le 10 janvier 1920 (1), et prend fin le 30 avril 1921.

Pendant cette période, l'obligation de l'Allemagne était définie par l'Art. 235 du Traité.

On remarquera que les dépenses de l'occupation depuis l'armistice doivent être remboursées sur le produit des payements de l'Allemagne, par priorité, et que seul le solde de ce produit est disponible pour les réparations, après déduction des sommes jugées par les Puissances alliées et associées nécessaires pour l'approvisionnement de l'Allemagne en vivres et en matières premières, ces sommes pouvant être négligées dans le présent travail, puisqu'elles entraînent simplement une inscription semblable au débit et au crédit du compte. Ces dépenses se sont élevées à 2.131.904.000 mark-or (non compris le coût de l'armée américaine qui a été de 1.010.614.000 mark-or) et les sommes effectivement reçues de l'Allemagne et applicables au coût de l'occupation se sont trouvées à peine suffisantes pour satisfaire à cette priorité.

Il convient de dire que tous les crédits passés à l'Allemagne pendant cette période ne pouvaient pas être utilisés pour faire face au coût de l'occupation. La Commission des Réparations a décidé en effet que l'Art. 235 ne visait que les recettes liquides qui pouvaient à bon droit être considérées comme appli-

(1) La période a commencé, en réalité, un peu plus tôt, puisque le Gouvernement allemand a fait certaines livraisons par anticipation avant l'entrée en vigueur du Traité.

cables « à la restauration de la vie industrielle et économique des Puissances alliées et associées », et non pas des payements en capital tels que le transfert des biens d'État à la Pologne par exemple. Il s'ensuit donc qu'il n'y a pas identité entre les payements effectivement faits par l'Allemagne pendant cette période et les sommes appliquées en vertu de l'Art. 235 au remboursement du coût des armées d'occupation.

La seconde période commence le 1ᵉʳ mai 1921 et couvre pratiquement le reste de l'année 1921. Une distinction très nette est établie entre les payements de réparation et le remboursement du coût des armées d'occupation, et c'est seulement en vertu d'un mandat spécial conféré par les Puissances intéressées que la Commission est chargée d'assurer ce remboursement.

Le 28 avril 1921, la Commission a notifié au Gouvernement allemand sa décision que le total des dommages dont réparation incombait à l'Allemagne s'élevait à 132 milliards de mark-or ; le 5 mai 1921, la Commission a notifié l'état des payements prescrivant les époques et les modalités pour garantir et éteindre l'entière obligation de l'Allemagne au titre des Réparations, conformément aux articles 231, 232 et 233 du Traité.

L'obligation de l'Allemagne était, au total, à cette date, de 132 milliards de mark-or moins :

« *a*) Le montant de la somme déjà versée au titre « des Réparations ;

« *b*) Les sommes qui peuvent successivement être
« portées au crédit de l'Allemagne en contre-partie
« des propriétés de l'Empire et des États allemands
« situés dans les territoires cédés, etc... etc. ;

« *c*) Toutes sommes reçues d'autres Puissances
« ennemies ou ex-ennemies qui pourront être portées,
« par décision de la Commission, au crédit de l'Al-
« lemagne. On y ajoutera le montant de la dette
« belge envers les Alliés. Les montants de ces déduc-
« tions et de cette addition seront déterminés ulté-
« rieurement par la Commission. »

L'État des Payements prescrivait le versement
d'une annuité fixe de 2 milliards de mark-or et d'une
annuité variable équivalant à 26 o/o de la valeur des
exportations allemandes. En outre l'État des Payements stipulait expressément le versement, dans un
délai de vingt-cinq jours, de la somme de 1 milliard
de mark-or, pour représenter les deux premiers versements trimestriels de l'annuité fixe.

La troisième période s'ouvre avec la demande
d'ajournement partiel des versements prescrits par
l'État des Payements présentée par le Gouvernement
allemand le 14 décembre 1921. Pendant qu'elle
examinait cette demande, la Commission a, par sa
décision du 13 janvier 1922, prise à Cannes et désignée ci-après comme « Décision de Cannes »,
— accordé un ajournement provisoire des versements
prévus par l'État des Payements qui venaient à
échéance le 15 janvier et le 15 février et les a rem-
placés par des payements décadaires de 31 millions

de mark-or, l'échéance du premier de ces payements étant fixée au 18 janvier.

Le 21 mars, la Commission a accordé à l'Allemagne un moratoire partiel pour les obligations résultant pour 1922 de l'État des Payements et a décidé qu'elle payerait cette année 720 millions de mark-or en espèces et effectuerait des livraisons en nature pour une valeur égale à 1450 millions de mark-or, les obligations différées étant reportées sur les années suivantes. Ce moratoire partiel était d'abord provisoire, mais il a été confirmé par la suite, le 31 mai 1922, date qui n'est pas comprise dans la période couverte par les comptes qui sont publiés aujourd'hui.

Au même moment, une nouvelle complication d'ordre comptable a été introduite par suite d'une décision prise sur le désir exprimé par les Gouvernements alliés intéressés dans l'Accord financier du 11 mars 1922, et disposant que les dépenses des armées d'occupation à dater du 1er mai 1921 qui n'ont pas déjà été couvertes par les réquisitions de mark-papier effectuées par ces armées seraient remboursées à chacune des Puissances créditrices par imputation sur les prestations en nature effectivement reçues par elles, en exécution de l'État des Payements du 1er mai au 31 décembre 1921, et sur celles de 1922 telles qu'elles sont organisées pour cette année par le moratorium du 21 mars 1922. Il en résulte rétroactivement un déficit dans les Payements de réparation de l'Allemagne avant même la période pour laquelle un moratoire partiel a été demandé.

On trouvera à l'appendice qui suit les tableaux, des extraits du Traité de Versailles et des Accords financiers de Spa et de Paris, qui permettront de mieux comprendre les opérations de comptabilité de la Commission.

Le secrétaire général,<br>ANDREW McFADYEAN.

# ÉTAT DES LIVRAISONS ET PAYEMENTS

## SUR COMPTE ANTÉRIEUR AU 1ᵉʳ MAI 1921

### entre le 11 Novembre 1918 et le 30 Avril 1922

### Chiffres exprimés en milliers de mark-or

| Nᵒ | ARTICLES OU ANNEXES DU TRAITÉ DE PAIX. | NATURE DES LIVRAISONS ET PAYEMENTS. | QUANTITÉS. | VALEUR EN M. O. |
|---|---|---|---|---|
| **A.** | | **A. — RECETTES EN NUMÉRAIRE AU COMPTE DE L'ALLEMAGNE** | | |
| | | *Payements par la France :* | | |
| 1 | Art. 145. | a) Part de l'Allemagne dans le capital de la Banque d'État du Maroc. | Actions 2 200 | 643 |
| 2 | Art. 248. | b) Compte téléphonique antérieur au mois d'Août 1914. | » | 10 |
| | | *Payement par le Danemark pour :* | | |
| 3 | Art. 256. | a) Biens acquis au Schleswig. | » | 63 000 |
| | Art. 109-114-254. | b) Proportion assumée de la Dette Impériale et des États allemands. | » | 2 000 |
| 4 | Art. 248. | *Espèces retirées des navires coulés à Scapa-Flow.* | » | 4 |
| 5 | Art. 169. | *Recettes provenant du produit transféré des ventes de matériel de guerre :* | | |
| | | a) Du 11 Novembre 1918 au 30 Avril 1921 | » | 17 595 |
| | | b) Du 1ᵉʳ Mai 1921 au 31 Janvier 1922 | » | 25 545 |
| 6 | Art. 248. | *Produit réalisé des perceptions en zone douanière rhénane.* | » | 3 324 |
| | | TOTAL. — Recettes en numéraire. | | 112 121 (000) |
| **B.** | | **B. — LIVRAISONS EN NATURE** | | |
| 1 | Annexe III. | *Navires* | » | 659 867 |
| 2 | Art. 357. | *Docks de Rotterdam* | » | 325 |
| 3 | Annexe IV. | *Bétail* (Annexe IV, § 2 a) | Têtes 12 165 | 7 535 |
| | Idem. | — (Annexe IV, § 6) | Têtes 328 512 | 83 364 |
| 4 | Idem. | *Livraisons diverses* (Annexe IV, § 2 a). | » | 8 430 |
| 5 | Idem. | *Matériel de reconstruction* (Annexe IV, § 2 b). | » | 1 008 |
| 6 | Annexe V. | *Charbon, coke et lignite :* | | |
| | | a) Pris en charge par les Alliés aux postes de contrôle. | T. M. 33 276 393 | 423 360 |
| | | b) Fourni au Luxembourg. | T. M. 1 637 143 | 17 525 |
| 7 | Idem. | *Sous-produits du charbon :* | | |
| | Idem. | a) Benzol. | Tonnes 7 511 | 2 600 |
| | Idem. | b) Sulfate d'ammoniaque. | Tonnes 29 846 | 5 408 |
| 8 | Annexe VI. | Matières colorantes | Kgs 14 887 146 | 38 001 |

| | | | | | |
|---|---|---|---|---|---|
| 8 | *Annexe VII.* | *Matières colorantes* | Kgs | 14 887 146 | 48 081 |
| 9 | *Idem.* | *Produits pharmaceutiques* | Kgs | 267 934 | 3 053 |
| 10 | Art. 247. | *Bibliothèque de Louvain* | » | | 522 |
| | | **TOTAL. — Livraisons en nature** | | | 1 251 064 (000) |
| | | **C. — LIVRAISONS D'ARMISTICE** | | | |
| 1 | Art. 250. | | » | | » |
| 2 | Convention d'Armistice, Art. III et VIII, etc. | | » | | » |
| 3 | Convention d'Armistice 16/1/19 | | » | | » |
| | | **TOTAL. — Livraisons d'armistice** | | | 1 183 226 (000) |
| | | **D. — AUTRES ÉLÉMENTS D'ACTIF LIQUIDE** | | | |
| 1 | Part. VIII. Art. 244. Annexe VII. | *Câbles sous-marins* | » | | 49 000 |
| | | **TOTAL. — Autres éléments d'actif liquide** | | | 49 000 (000) |
| | | **E. — BIENS IMMOBILIERS** *Et autres éléments de capital.* | | | |
| 1 | Art. 45-50. | *Mines de charbon du Bassin de la Sarre* | » | | 400 000 |
| 2 | Art. 134. | *École allemande sise en la concession française de Sanghaï* | » | | 2 042 |
| 3 | *Idem.* | *Propriété sise en la concession anglaise de Shameen* | » | | 538 |
| 4 | Art. 156. | *Propriété de Kiao-Tchéou* | » | | 50 000 |
| 5 | Art. 256. | *Biens acquis par les États cessionnaires :* | | | |
| | Art. 256. | a) Tchéco-Slovaquie | » | | 5 640 |
| | *Idem.* | b) Memel | » | | » |
| | *Idem.* | c) Ville libre de Dantzig | » | | 300 000 |
| | *Idem.* | d) Pologne : | | | |
| | | (1) Zone cédée | » | | 1 712 025 |
| | | (2) Zone de plébiscite | » | | » |
| | Art. 254. | *Portion des emprunts des États allemands assumée par :* | | | |
| 6 | Art. 32-39. | a) La Belgique pour Moresnet, Eupen et Malmédy | » | | 645 |
| | Art. 86. | b) La Tchéco-Slovaquie pour la Silésie | » | | 391 |
| | Art. 99. | c) Memel | » | | » |
| | Art. 108. | d) La ville libre de Dantzig | » | | 5 514 |
| | Art. 92. | e) La Pologne pour Posen, la Prusse Orientale, Allenstein et la Haute-Silésie : | | | |
| | | (1) Territoire en zone cédée | » | | 18 557 |
| | | (2) Territoire en zone de plébiscite | » | | » |
| | | **TOTAL des biens immobiliers (et autres éléments de capital)** | | | 2 504 342 (000) |
| | | **Total général des parties A, B, C, D et E** | | | M. O. 5 099 753 (000) |

NOTE. — Les livraisons et payements compris dans le texte A, B, C et D, sont affectés au remboursement des avances sur le charbon et au payement des armées d'occupation. Les livraisons et payements compris dans le titre E sont affectés à l'apurement de la dette en capital.

# I

## ÉTAT DES LIVRAISONS ET PAYEMENTS
## SUR COMPTE ANTÉRIEUR AU 1ᵉʳ MAI 1921

On remarquera dans cet état que les chiffres importants suivants sont provisoires : valeur des navires, du bétail, du charbon et du lignite, des livraisons d'Armistice, du matériel de guerre, du Bassin de la Sarre et des biens acquis par des États cessionnaires, biens autres que ceux pour lesquels il a été reçu des payements en espèces.

En ce qui concerne les livraisons d'Armistice, le chiffre définitif pourra différer sensiblement du chiffre provisoirement adopté. Le chiffre d'estimation du Bassin de la Sarre se réfère des évaluations préliminaires soumises par les Gouvernements français et allemand et les chiffres des propriétés d'État en territoires cédés à la partie E sont établis d'après les évaluations analogues faites par les parties intéressées.

On remarquera que, bien que l'état ait trait aux obligations de l'Allemagne au 30 avril 1921, il donne les recettes faites au titre de ces obligations jusqu'au 30 avril 1922. Ceci s'explique par ce fait que certaines recettes, telles que le produit de la liquidation du matériel de guerre, qui sont appliquées à l'extinction des obligations de l'Allemagne antérieures au

1ᵉʳ mai 1921, c'est-à-dire en premier lieu au remboursement du coût de l'occupation antérieurement à cette date, n'ont été effectivement remises à la Commission que postérieurement à cette date.

Il convient de donner ici quelques explications au sujet d'un poste qui apparaît fréquemment dans ces tableaux : celui du charbon fourni au Luxembourg. Par l'Annexe V de la Partie des Réparations du Traité, l'Allemagne s'engage à faire ces livraisons de charbon suivant les instructions de la Commission. A un point de vue, ce charbon est naturellement une livraison en nature. D'autre part, ce n'est pas une livraison à une Puissance ayant droit aux réparations : il est payé en espèces par le Luxembourg, et les sommes reçues de ce chef en 1922 sont créditées à valoir sur la partie des obligations en espèces imposées à l'Allemagne pour ladite année. Par conséquent, ce poste apparaît dans ces tableaux tantôt comme une livraison en nature, tantôt comme recette en espèces suivant l'objet principal de chaque tableau.

RÉPARTITION DE L'ACTIF LIQUIDE
reçu sur compte antérieur au 1ᵉʳ Mai [illegible].
Du 11 Novembre 1918 au 30 Avril 1922.
(Chiffres exprimés en milliers de marks-or.)

| Nᵒˢ | NATURE DES LIVRAISONS ET PAYEMENTS | TOTAL | NON RÉPARTIS | EMPIRE BRITANNIQUE | FRANCE | ITALIE | JAPON | BELGIQUE | GRÈCE | POLOGNE | ROUMANIE | ÉTAT SERBE-CROATE-SLOVÈNE | TCHÉCO-SLOVAQUIE |
|---|---|---|---|---|---|---|---|---|---|---|---|---|---|
| A | **A. — ESPÈCES ET VALEURS** | | | | | | | | | | | | |
| | *Payements par la France :* | | | | | | | | | | | | |
| 1 | a) Part de l'Allemagne dans le Capital de la Banque d'État du Maroc | 643 | | | | | | | | | | | |
| | b) Compte téléphonique antérieur au mois d'août 1914 | 10 | | | | | | | | | | | |
| | *Payements par le Danemark :* | | | | | | | | | | | | |
| 2 | a) Biens acquis au Schleswig | 63 [illegible] | | | | | | | | | | | |
| | b) Proportion assumée de la Dette Impériale et des États allemands | [illegible] | | | | | | | | | | | |
| 3 | Espèces retirées des navires coulés à Scapa-Flow | [illegible] | [illegible] | 137 599 | 307 | | » | » | » | » | » | » | » |
| 4 | Recettes provenant du produit transféré des ventes de matériel de guerre | 43 [illegible] | | | | | | | | | | | |
| 5 | *Recettes à valoir sur livraisons en nature :* | | | | | | | | | | | | |
| | a) Fournies par le Luxembourg pour charbon | 17 5[illegible] | | » | » | » | » | » | » | » | » | » | » |
| | b) Vente de matières colorantes | 5 5[illegible] | 17 | » | » | » | » | » | » | » | » | » | » |
| 6 | Produit réalisé des perceptions en zone douanière rhénane | 3 3[illegible] | | » | » | » | » | » | » | » | » | » | » |
| 7 | Intérêts sur placements | 3 [illegible] | » | » | » | » | » | » | » | » | » | » | » |
| 8 | Perte de change | » | 345 | » | » | » | » | » | » | » | » | » | » |
| 9 | Sommes provenant du compte de l'État des Payements (Application de l'Article 8 de l'Accord Financier du 11 Mars 1922) | 6 [illegible] | » | 500 [illegible] | 1 [illegible] | » | » | » | » | » | » | » | » |
| | Total. — Recettes en numéraire | 778 268 | 362 | 637 599 | 1 [illegible] | » | » | » | » | » | » | » | » |
| B | **B. — LIVRAISONS EN NATURE** | | | | | | | | | | | | |
| 1 | *Navires :* | | | | | | | | | | | | |
| | a) Alloués aux Puissances | 659 867 | » | 204 334 | 51 150 | 2 036 | [illegible] | » | 5 318 | » | 128 | » | » |
| | b) Différence entre le crédit à l'Allemagne et les débits aux Puissances | | 399 701 | » | » | » | » | » | » | » | » | » | » |
| 2 | Docks de Rotterdam | 395 | » | » | 395 | » | » | » | » | » | » | » | » |
| 3 | Bétail (Annexe IV, paragraphe 5 a) | 7 535 | » | » | 4 568 | 777 | » | 2 195 | » | » | » | » | » |
| | — (Annexe IV, paragraphe 6) | 83 364 | » | » | 53 015 | » | » | 30 349 | » | » | » | » | » |
| 4 | Livraisons diverses (Annexe IV, page 5 a) | 8 530 | » | » | 3 097 | » | » | 5 375 | » | » | » | » | » |
| 5 | Matériel de reconstruction (Annexe V, paragraphe 5 b) | 1 068 | » | » | 611 | 18 | » | 409 | » | » | » | » | » |
| 6 | *Charbon, coke et lignite :* | | | | | | | | | | | | |
| | a) Pris en charge par les Alliés aux postes de contrôle | 423 360 | » | » | 324 979 | 54 589 | » | 43 792 | » | » | » | » | » |
| | b) Fourni au Luxembourg | 5 | 5 | » | » | » | » | » | » | » | » | » | » |
| 7 | *Sous-produits de charbon :* | | | | | | | | | | | | |
| | a) Benzol | 2 606 | » | » | 2 606 | » | » | » | » | » | » | » | » |
| | b) Sulfate d'ammoniaque | 5 408 | » | » | 5 408 | » | » | » | » | » | » | » | » |
| 8 | Matières colorantes | 32 476 | » | 8 499 | 9 501 | 9 101 | 630 | 2 019 | » | » | » | 23 | » |
| 9 | Produits pharmaceutiques | 3 053 | » | » | 193 | 9 155 | 135 | 511 | » | » | » | 69 | » |
| 10 | Bibliothèque de Louvain | 522 | » | » | » | » | » | 522 | » | » | » | » | » |
| | Total. — Livraisons en nature | 1 228 019 | 399 706 | 213 833 | 455 263 | 68 672 | 765 | 86 052 | 5 318 | » | 128 | 87 | » |
| C | **C. — LIVRAISONS D'ARMISTICE** | | | | | | | | | | | | |
| | Total. — Livraisons d'Armistice | 1 183 226 | 59 491 | 84 415 | 527 433 | 15 306 | » | 450 622 | » | 11 705 | 1 408 | » | 6 848 |
| D | **D. — AUTRES ÉLÉMENTS D'ACTIF LIQUIDE** | | | | | | | | | | | | |
| 1 | Câbles sous-marins | 49 000 | 49 000 | » | » | » | » | » | » | » | » | » | » |
| | Total. des autres éléments d'actif liquide | 49 000 | 49 000 | » | » | » | » | » | » | » | » | » | » |
| | **Total de l'actif liquide** | 3 238 513 | 499 559 | 934 845 | 1 123 003 | 83 978 | [illegible] | 656 874 | 5 318 | 14 705 | 4 536 | 87 | 6 848 |

| N° | NATURE DES LIVRAISONS ET PAYEMENTS |
|---|---|
| | **A. — ESPÈCES ET VALEURS** |
| | *Payements par la France :* |
| 1 | a) Part de l'Allemagne dans le Capital de la Banque d'État |
| | b) Compte téléphonique antérieur au mois d'août 1914. |
| | *Payements par le Danemark :* |
| 2 | a) Biens acquis au Schleswig . . . . . . . . . . . . |
| | b) Proportion assumée de la Dette Impériale et des États a |
| 3 | Espèces retirées des navires coulés à Scapa-Flow. . . . . . . |
| 4 | Recettes provenant du produit transféré des ventes de matériel |
| 5 | Recettes à valoir sur livraisons en nature : |
| | a) Fournies par le Luxembourg pour charbon . . . . . |
| | b) Vente de matières colorantes . . . . . . . . . . |
| 6 | Produit réalisé des perceptions en zone douanière rhénane. . |
| 7 | Intérêts sur placements. . . . . . . . . . . . . . |
| 8 | Perte de change. . . . . . . . . . . . . . . . |
| 9 | Sommes provenant du compte de l'État des Payements (Applicati |
| | de l'Accord Financier du 11 Mars 1922). . . . . . . |
| | TOTAL. — Recettes en n |
| | **B. — LIVRAISONS EN NATURE** |
| 1 | *Navires :* |
| | a) Alloués aux Puissances. . . . . . . . . . . |
| | b) Différence entre le crédit à l'Allemagne et les débits au |
| 2 | Docks de Rotterdam . . . . . . . . . . . . . . |
| 3 | Bétail (Annexe IV, paragraphe 2 a) . . . . . . . . . |

## II

### RÉPARTITION DE L'ACTIF LIQUIDE
### REÇU DU 1ᵉʳ NOVEMBRE 1918 AU 30 AVRIL 1922

———

### RÉPARTITION DES LIVRAISONS AU COMPTE
### DE LA DETTE EN CAPITAL

Le premier tableau ci-après montre la répartition de l'actif liquide, c'est-à-dire de l'actif indiqué en A, B, C et D du précédent tableau. Une distinction est établie entre les postes figurant dans ces parties et ceux de la partie E, parce que les premiers seuls, comme il a été expliqué dans l'introduction, peuvent être appliqués au remboursement du coût des armées d'occupation jusqu'au 30 avril 1921.

Reliure serrée

| N° | NATURE DES LIVRAISONS ET PAYEMENTS | TOTAL | NON RÉPARTIS | EMPIRE BRITANNIQUE | FRANCE | ITALIE | JAPON | BELGIQUE | GRÈCE | POLOGNE | ROUMANIE | ÉTAT SERBE-CROATE-SLOVÈNE | TCHÉCO-SLOVAQUIE |
|---|---|---|---|---|---|---|---|---|---|---|---|---|---|
| E | **E. — BIENS IMMOBILIERS** (Et autres éléments de capital) | | | | | | | | | | | | ٭ |
| 1 | Mines de charbon du bassin de la Sarre.... | 400 000 | 100 000 300 000 | » | » | » | » | » | » | » | » | » | » |
| 2 | École allemande sise en la concession française de Shanghaï.... | 2 042 | » | » | 2 042 | » | » | » | » | » | » | » | » |
| 3 | Propriété sise en la concession anglaise de Shameen.... | 538 | » | 538 | » | » | » | » | » | » | » | » | » |
| 4 | Propriété à Kia-Tchéou.... | 59 000 | » | » | » | » | 59 000 | » | » | » | » | » | » |
| 5 | Biens acquis par les États cessionnaires : | | | | | | | | | | | | |
| | a) Tchéco-Slovaquie.... | 5 640 | » | » | » | » | » | » | » | » | » | » | 5 640 |
| | b) Memel.... | » | » | » | » | » | » | » | » | » | » | » | » |
| | c) Ville libre de Dantzig.... | 300 000 | 300 000 | » | » | » | » | » | » | » | » | » | » |
| | d) Pologne : | | | | | | | | | | | | |
| | (1) Zone cédée.... | 1 712 025 | » | » | » | » | » | » | » | 1 712 025 | » | » | » |
| | (2) Zone de plébiscite.... | » | » | » | » | » | » | » | » | » | » | » | » |
| C | Portion des emprunts des États allemands assumée par : | | | | | | | | | | | | |
| | a) La Belgique pour Moresnet, Eupen et Malmédy.... | 635 | » | » | » | » | » | 635 | » | » | » | ٭ | » |
| | b) La Tchéco-Slovaquie pour la Silésie. | 391 | » | » | » | » | » | » | » | » | » | » | 391 |
| | c) Memel.... | » | » | » | » | » | » | » | » | » | » | » | » |
| | d) La Ville libre de Dantzig.... | 5 514 | 5 514 | » | » | » | » | » | » | » | » | » | » |
| | e) La Pologne pour Posen, la Prusse Orientale, Allenstein et la Hte-Silésie : | | | | | | | | | | | | |
| | (1) Territoire en zone cédée.... | 18 557 | » | » | » | » | » | » | » | 18 557 | » | » | » |
| | (2) Territoire en zone de plébiscite ... | » | » | » | » | » | » | » | » | » | » | » | » |
| | TOTAL des biens immobiliers (et autres éléments de capital).. | 2 504 342 | 405 514 300 000 | 538 | 2 042 | » | 59 000 | 635 | » | 1 730 582 | » | » | 6 031 |

٭ La valeur des mines de la Sarre est débitée à la France comme livraison en nature pour 300 millions.

# COMPTE DE L'ARTICLE 235 (20 milliards de mark-or) AU 30 AVRIL 1921
## (Chiffres établis à la date du 30 avril 1922)

| | | MILLIONS DE MARK-OR | MILLIONS DE MARK-OR |
|---|---|---|---|
| **A.** Valeur estimative des livraisons au 30 avril 1921 . . . . . . . . . . . . . . . | | | 5 100 |
| **A DÉDUIRE :** | | | |
| Évaluation provisoire des biens mobiliers et autres éléments de capital non convertis en actif liquide au 1er mai 1921 . . . . . . . . . . . . . . . . . . . . . . . . . . . . . . . . . | | | 2 504 |
| TOTAL APPROXIMATIF DE L'ACTIF DISPONIBLE . . . . . . . . . | | | 2 596 |
| **A AJOUTER :** | | | |
| **B.** Autres chapitres tombant sous le coup d'article 235. | | M. O. | |
| I. Livraisons d'or et autres payements effectués pour ravitaillement et matières premières. (Chiffres allemands.) . . . . . . . . . . . . . . . . . . | 3 834 746 000 | } Environ 3 836 | |
| II. Charbon provenant des mines de la Sarre et livré à l'ordre de France antérieurement à la date de cession réelle. (Chiffres allemands.) . . . . . . . . . | 1 029 000 | | |
| III. Espèces fournies aux Armées d'Occupation jusqu'au 30 avril 19 . . . . . . . . . . . . . . . | | 485 | |
| IV. Marchandises et Services (y compris cantonnements, utilisation des casernes et réfection des routes, etc.), fournis aux Armées d'Occupation au 30 novembre 1920. (Chiffres allemands.) . . . | | 666 | |
| V. Dépenses réclamées par l'Allemagne pour le compte de divers Commissions interalliées au 30 novembre 1920. (Chiffres allemands.) . . . . . . . . . . . . . . . . . . | | 40 | 4 961 |
| **C.** MONTANT GLOBAL AU 30 AVRIL (Exprimé en millions de mark-or.) . . . . . | | | M. O. 7 557 millions |

**Nota.** — *Le total sus-indiqué dépend entre autres du règlement des questions suivantes, à savoir :*
*Partie A. — Matériel abandonné ; Matériel fixe de chemin de fer et matériel roulant : Valeur des livraisons de charbon et bétail.*
*Partie B. — Compte de ravitaillement et Matières premières ; Montant à créditer pour les frais des Armées d'Occupation (cantonnements, etc.); Indemnité pour dépenses de Plébiscites et Commissions.*

# IV

## RÉSUMÉ DES SOMMES CRÉDITÉES A L'ALLEMAGNE POUR VERSEMENTS EN ESPÈCES ET LIVRAISONS EN NATURE AU COMPTE DE L'ÉTAT DES PAYEMENTS ET DU COÛT DES ARMÉES D'OCCUPATION.

### Du 1ᵉʳ mai 1921 au 30 avril 1922

| NATURE DES LIVRAISONS ET PAYEMENTS. | QUANTITÉS. | VALEURS. | TOTAL. |
|---|---|---|---|
| **A. — VERSEMENTS EN ESPÈCES** | | | |
| a) Article V de l'État des Payements | » | 1 000 000 000 | |
| b) Échéance d'annuité variable du 15 nov. 1921 | » | 13 014 991,51 | |
| c) Versements en espèces, janvier-avril 1922 | » | 300 645 504,59 | |
| TOTAL des versements en espèces | » | » | 1 313 660 496,10 |
| **B. — LIVRAISONS EN NATURE** | | | |
| 1° *Produits des lois de recouvrement des réparations (Art. 248)* | » | 72 263 441,56 | |
| 2° *Livraisons diverses comprises à l'Annexe II, § 19* | » | 44 193 285,01 | |
| 3° *Navires (Annexe III)* | T. 376 533 | 43 889 767,06 | |
| 4° *Batellerie fluviale :* | | | |
| a) Annexe III, § 6 | T. 67 588 | 1 078 250 | |
| b) Article 339 | Danube 5 083 | 6 408 940 | |
| | Elbe inconnu | » | |
| c) Article 357 | H.P. 377 | 13 584 635 | |
| 5° *Bétail :* | | | |
| a) Annexe IV, § 2 (a) | Têtes 118 123 | 43 652 593,96 | |
| b) Annexe IV, § 6 | 24 170 | 7 939 421,82 | |
| TOTAL | » | 51 592 015,78 | |
| 6° *Livraisons diverses, Annexe IV, § 2 :* | | | |
| a) Matériel de reconstruction, Annexe IV, § 2 (b) | » | 7 930 142,14 | |
| b) Livraisons diverses, Annexe IV, § 2 (a) | » | 13 171 573,70 | |
| TOTAL | » | 21 101 715,84 | |
| 7° *Charbon, coke et lignite* | T. 16 050 165 | 275 398 643,36 | |
| 8° *Dérivés du coke :* | | | |
| a) Benzol | T. 28 682 045 | 6 657 451,17 | |
| b) Sulfate d'ammoniaque | T. 30 183 841 | 3 711 363,65 | |
| c) Naphte | T. 4 607 520 | 993 458,83 | |
| d) Goudron de houille et dérivés | T. 3 810 389 | 328 180,54 | |
| TOTAL | » | 11 690 454,19 | |
| 9° *Matières colorantes (Annexe VI)* | Kgs 3 649 026 | 10 006 781,65 | |
| 10° *Produits pharmaceutiques (Annexe VI)* | » 392 269 | 8 451 211,88 | |
| 11° *Bibliothèque de Louvain (Article 247)* | » | 816 276,01 | |
| TOTAL des livraisons en nature | » | » | 560 475 417,34 |
| **C. — LIVRAISONS D'ARMISTICE** | » | » | 3 678 815,81 |
| **Total général des parties A, B, C** | » | » | **1 877 814 729,25** |

V

*TABLEAU établi d'après les écritures définitivement ou provisoirement portées en compte.*

**(Les chiffres ci-dessous sont indiqués en milliers pour faciliter la lecture du tableau.)**

| N° | NATURE DES LIVRAISONS ET PAYEMENTS. | TOTAL. | NON RÉPARTIS. | TRANSFÉRÉ au compte des armées d'occupation au 1er mai 1921. | DÉBITS AUX PUISSANCES EN COMPTE APRÈS LE 1er MAI 1921. | | | | | | | | |
|---|---|---|---|---|---|---|---|---|---|---|---|---|---|
| | | | | | EMPIRE BRITANNIQUE. | FRANCE. | ITALIE. | JAPON. | BELGIQUE. | GRÈCE. | ROUMANIE. | ÉTAT SERBE-CROATE-SLOVÈNE. | TCHÉCO-SLO-VAQUIE. |
| | **A. — ESPÈCES ET VALEURS** | | | | | | | | | | | | |
| 1 | Sommes fournies par l'Allemagne en vertu de l'Article V de l'État des Payements. | 1 001 614 | | | | | | | | | | | |
| 2 | Payements découlaires a) en exécution des mesures du Comité des Garanties | 70 687 | | | | | | | | | | | |
| 3 | — b) en exécution de la Décision de Cannes (n° 1709) | 217 376 | | | | | | | | | | | |
| | Sommes fournies par l'Allemagne en vertu du Moratorium du 21 mars 1922 | 18 170 | | | | | | | | | | | |
| 4 | — de l'article 260 du Traité | 37 | 33 016 | 640 000 | Cr. 868 | Cr. 2 147 | » | » | 669 647 | » | » | » | » |
| 5 | Transfert du Fonds de Réserve | 526 | | | | | | | | | | | |
| 6 | Espèces versées par le Luxembourg pour charbon fourni | 18 185 | | | | | | | | | | | |
| 7 | Espèces versées par l'U. S. Textile Alliance pour matières colorantes livrées | 1 169 | | | | | | | | | | | |
| 8 | Intérêts produits sur placements | 5 137 | | | | | | | | | | | |
| 9 | Gain de change | 897 | | | | | | | | | | | |
| | *Total des espèces et valeurs* | 1 339 648 (000) | 33 016 | 640 000 | Cr. 868 | Cr. 2 147 | » | » | 669 647 | » | » | » | » |
| | **B. — LIVRAISONS EN NATURE ET RÉPARATION RECOVERY ACT.** | | | | | | | | | | | | |
| 1 | Produits de Réparation Recovery Act. (12 mars 1921 à ce jour) | 72 264 | » | » | 72 264 | » | » | » | » | » | » | » | » |
| 2 | Livraisons diverses (Annexe II, 9) | 11 193 | » | » | » | » | 6 327 | » | 389 | 253 | » | 37 204 | » |
| 3 | Main-d'œuvre et matériaux (Annexe II, § 19) | » | » | » | » | » | » | » | » | » | » | » | » |
| 4 | Navires : | 43 800 | » | » | 42 542 | 768 | 499 | 0 | » | 81 | » | » | » |
| | Unités et matériel de navigation fluviale (Remorqueurs, péniches, etc.) [Art. 357] | 13 585 | » | » | » | 13 585 | » | » | 345 | » | » | » | » |
| 5 | — — — (Annexe III, § 6) | 1 028 | » | » | » | 733 | » | » | » | » | » | » | 6 409 |
| | — — — (Article 339) | 6 409 | » | » | » | » | » | » | » | » | » | » | » |
| 6 | Bétail | 61 592 | » | » | » | 27 867 | 5 016 | » | 6 848 | » | » | 11 851 | » |
| 7 | Livraisons diverses (comprenant également matériel agricole et semences) (Annexe IV, § 2 a) | 13 172 | » | » | » | 2 036 | 381 | » | 9 511 | » | » | 1 233 | » |
| 8 | Matériel de reconstruction (Annexe IV, § 2 b) | 7 030 | » | » | » | 3 191 | 1 051 | » | 2 783 | » | » | » | » |
| 9 | Charbon (frais de transport inclus) : | | | | | | | | | | | | |
| | a) Pris en charge par les Alliés aux postes de contrôle | 252 920 | » | » | » | 106 676 | 86 128 | » | 39 116 | » | » | » | » |
| | b) Fourni au Luxembourg, mais non encore payé en espèces | 1 693 | 1 693 | » | » | » | » | » | » | » | » | » | » |
| 10 | Sous-produits du charbon : | | | | | | | | | | | | |
| | a) Benzol | 6 657 | » | » | » | 6 657 | » | » | » | » | » | » | » |
| | b) Goudron de houille et dérivés | 328 | » | » | » | 328 | » | » | » | » | » | » | » |
| | c) Sulfate d'ammoniaque | 3 711 | » | » | » | 3 711 | » | » | » | » | » | » | » |
| | d) Naphte | 994 | » | » | » | 994 | » | » | » | » | » | » | » |
| 11 | Matières colorantes : | | | | | | | | | | | | |
| | a) Livrées aux Puissances alliées et associées | 8 399 | » | » | 1 212 | 1 630 | 2 752 | » | 2 608 | 197 | » | » | » |
| | b) Vendues à l'U. S. Textile Alliance, mais non encore payées en espèces | 139 | 139 | » | » | » | » | » | » | » | » | » | » |
| 12 | Produits pharmaceutiques | 8 151 | » | » | » | 84 | 172 | 3 | 328 | 677 | 5 608 | 1 279 | » |
| 13 | Livraisons d'Armistice | 3 679 | » | » | » | 1 667 | » | » | 2 012 | » | » | » | » |
| 14 | Bibliothèque de Louvain | 816 | » | » | » | » | » | » | 816 | » | » | » | » |
| | *Total. — Livraisons en nature* | 511 200 | 1 832 | » | 116 018 | 219 947 | 73 200 | 12 | 65 049 | 1 528 | 5 608 | 31 567 | 6 409 |
| | **Total des Payements en numéraire et Livraisons en nature** | M. O. 1 883 848 (000) | 37 848 (000) | 640 000 (000) | 115 150 | 217 780 (000) | 73 250 (000) | 12 (000) | 734 698 (000) | 1 528 (000) | 5 608 (000) | 31 567 (000) | 8 409 (000) |
| | Débits aux Puissances pour livraisons en nature pour la période du 1er janvier 1912 au 30 avril 1922. | » | 8 745 (000) | » | 69 055 (000) | 66 558 (000) | 22 082 (000) | » | 30 867 (000) | 512 (000) | 31 (000) | 18 774 (000) | 6 167 (000) |

| Nᵒˢ | NATURE DES LIVRAISONS ET PAYEMENTS. |
|---|---|
| **A.** | **A. — ESPÈCES ET VALEURS** |
| 1 | Sommes fournies par l'Allemagne en vertu de l'Article V de l'État des Pay... |
| 2 | Payements décadaires a) en exécution des mesures du Comité des Garan... |
|  |     b) en exécution de la Décision de Cannes (n° 172... |
| 3 | Sommes fournies par l'Allemagne en vertu du Moratorium du 21 mars... |
| 4 | — — — — de l'article 260 du Traité . |
| 5 | Transfert du Fonds de Réserve . . . . . . . . . . . . . . |
| 6 | Espèces versées par le Luxembourg pour charbon fourni . . . . . . |
| 7 | Espèces versées par l'U. S. Textile Alliance pour matières colorantes livr... |
| 8 | Intérêts produits sur placements . . . . . . |
| 9 | Gain de change . . . . . . . . . . . . |
|  | Total des espèces et valeurs |
| **B.** | **B. — LIVRAISONS EN NATURE ET RÉPARATION RECOVERY...** |
| 1 | Produits de Réparation Recovery Act. (12 mars 1921 à ce jour) . . . |
| 2 | Livraisons diverses (Annexe II, § 19) . . . . . . . . |
| 3 | Main-d'œuvre et matériaux (Annexe II, § 19) . . . . . . . . |
| 4 | Navires : . . . . . . . . . . . . . . |
| 5 | Unités et matériel de navigation fluviale (Remorqueurs, péniches, etc.)[A... |
|  |    — — — (Annexe III, § 6) . . . . . . . |
|  |    — — — (Article 339) . . . . . . . |
| 6 | Bétail . . . . . . . . . . . . . |

V

# RÉPARTITION DES RECETTES
## AUTRES QUE CELLES ANTÉRIEURES
### AU 1<sup>er</sup> MAI 1921. — 1<sup>er</sup> MAI 1921-30 AVRIL 1922

On remarquera que le total de : 1 339 648 000 mark-or pour les espèces et les titres, qui est donné dans le présent tableau diffère du total des recettes indiqué au tableau IV. La raison de cette différence est que les postes 6 et 7 sont, dans le compte avec l'Allemagne, portés comme livraisons en nature, tandis que les postes 8 et 9 sont des payements indirects.

Le compte indique un transfert de 640 millions de mark-or au compte des dépenses des Armées d'occupation antérieures au 1<sup>er</sup> mai 1921, conformément à l'Arrangement interallié qui a déjà été cité au sujet du tableau précédent.

Les postes créditeurs de 868 000 mark-or au compte de la Grande-Bretagne, et de 2 147 000 mark-or à celui de la France, représentent des bénéfices sur le change auxquels ces Puissances ont droit et qui résultent de l'accroissement de la valeur or des livres sterling et des francs versés par le Gouvernement allemand. Le remboursement à la Commission des Réparations de ces sommes en livres et en francs à la valeur or qu'elles avaient à la date du payement, était garanti par la Grande-Bretagne et la France pendant tout le temps où elles les conservaient en dépôt en attendant le règlement de leur répartition. Ces sommes ont été versées à la Belgique; le bénéfice sur le change devra donc faire l'objet d'un ajustement à l'intérieur des comptes interalliés.

Les recettes de la période 1<sup>er</sup> janvier-30 avril 1922 sont indiquées à part sur une ligne en bas du tableau, en raison de la modification apportée aux obligations de l'Allemagne à dater du 1<sup>er</sup> janvier dernier par l'octroi d'un ajournement partiel des versements exigibles en vertu de l'État des Payements. Ainsi qu'il a été dit dans l'introduction, ces recettes sont affectées par priorité lorsqu'elles sont touchées par la Grande-Bretagne, la France et la Belgique, au coût des Armées d'Occupation. Ce coût est indiqué au tableau VI.

# VI

## COUT DES ARMÉES D'OCCUPATION

Il convient d'établir une distinction entre les dépenses effectuées jusqu'au 30 avril 1921 et celles qui sont postérieures à cette date. Les dépenses de la première période sont imputées su: les actifs liquides indiqués au tableau II; celles de la dernière période sont imputées par priorité sur les livraisons en nature indiquées au tableau IV.

Comme il a été dit dans l'introduction, la Commission était chargée jusqu'au 30 avril 1921, par l'Article 235 du Traité, d'assurer le recouvrement desdites dépenses. Depuis cette date, elle a agi en vertu du mandat spécial qui lui a été donné par les Puissances intéressées pour l'exécution des clauses financières du Traité en général et pour le recouvrement des dépenses des armées d'occupation en particulier. A aucun moment, la Commission n'a exercé de contrôle. Sa fonction était essentiellement de recevoir les demandes de remboursement, de les transmettre à l'Allemagne et de procéder aux inscriptions nécessaires dans les comptes. Toutefois, pendant la première période elle s'est, par l'intermédiaire d'un sous-comité spécial, employée pour que les réclamations soumises soient adoptées par les diverses Puissances prenant part à l'occupation et qu'elles soient établies sur une base uniforme.

Les dépenses sont maintenant remboursées conformément aux règles posées dans l'Article premier de l'Accord du 11 mars 1922 (1). Précédemment, les

(1) Voir Appendice III, page 41.

demandes de remboursement présentées à la Commission étaient établies sur une base statistique et représentaient la totalité du coût des Armées d'Occupation, exception faite des prestations en nature fournies sans payement par l'Allemagne. Néanmoins, une partie des dépenses qui se trouvaient ainsi comprises dans les demandes de remboursement étaient payées au moyen des mark-papier fournis par le Gouvernement allemand, dont le détail était également fourni à la Commission.

Les dépenses indiquées par les Puissances en leur monnaie nationale ont, en général, été divisées en périodes trimestrielles et converties en mark-or au taux moyen du change de chaque trimestre. Il a été déduit de ces sommes en mark-or les équivalents en mark-or des mark-papier fournis par le Gouvernement allemand. Ces équivalents en mark-or sont obtenus de la manière suivante : les mark-papier reçus sont convertis en monnaie nationale au taux du change officiel de cette monnaie, à la date de la réception desdits mark. Les sommes en monnaies nationales ainsi obtenues sont converties en mark-or, tous les trimestres au taux moyen du change de chaque trimestre.

Les Commissions de contrôle sont, en vertu d'une décision de la Commission des Réparations, assimilées aux Armées d'Occupation pour l'imputation au compte de l'Allemagne. L'indication précise des dépenses réelles des Commissions de Contrôle n'a pas encore été fournie. Elles représentent toutefois une augmentation sans grande importance.

# COÛT DES ARMÉES D'OCCUPATION

| PUISSANCES. | ARMÉES D'OCCUPATION. | | |
| --- | --- | --- | --- |
| | Coût brut. | M.P. Reçus. | Coût net. |
| **Au 30 Avril 1921 :** | | | |
| Grande-Bretagne . . . . . . . . | 901 007 | 89 638 | 901 450 |
| France. . . . . . . . . . . | 1 275 588 | 232 839 | 1 042 740 |
| Italie. . . . . . . . . . | 10 052 | » | 10 052 |
| Belgique. . . . . . . . . . | 194 509 | 16 955 | 177 644 |
| Total au 30 Avril 1921 . | **2 471 336** | **339 432** | **2 131 904** |
| **Mai, Juin et Juillet 1921 :** | | | |
| Grande-Bretagne . . . . . . | 7 966 | 1 726 | 6 240 |
| France. . . . . . . . . . | 95 814 | 28 720 | 67 094 |
| Belgique. . . . . . . . . | 12 888 | 1 039 | 11 849 |
| Total . . . . . | 116 668 | 31 485 | 85 183 |
| **Août, Septembre et Octobre 1921 :** | | | |
| Grande-Bretagne . . . . . . | 5 045 | 4 327 | 718 |
| France . . . . . . . . | 48 679 | 5 698 | 42 981 |
| Belgique. . . . . . . . | 9 585 | 937 | 8 648 |
| Total . . . . . | 63 309 | 10 962 | 52 347 |
| **Novembre, Décembre 1921, Janvier 1922 :** | | | |
| Grande-Bretagne . . . . . . | 5 402 | 2 925 | 2 477 |
| France. . . . . . . . . | 38 297 | 13 570 | 24 727 |
| Belgique. . . . . . . . | 9 234 | 1 621 | 7 613 |
| Total . . . . . | 52 933 | 18 116 | 34 817 |
| **Février, Mars et Avril 1922 :** | | | |
| Grande-Bretagne . . . . . . | 5 593 | 4 241 | 1 352 |
| France. . . . . . . . . | 41 682 | 12 324 | 29 358 |
| Belgique. . . . . . . . | 9 431 | 1 897 | 7 534 |
| Total . . . . . | 56 706 | 18 462 | 38 244 |
| Total 1er Mai 1921, 30 Avril 1922 | **289 616** | **79 025** | **210 591** |

NOTE. — Le coût net de l'armée américaine d'occupation se montait à 1 010 611 m. o. le 30 avril 1921 ; pour les périodes de 3 mois indiquées ci-dessus après le 30 avril 1921, le coût de l'armée américaine d'occupation a été respectivement : 18 376 000 m. o. 19 221 000 m. o. ; 11 515 000 m. o. ; 7 048 000 m. o.

# VII

## RÉSUMÉ DES SOLDES
## SUR COMPTES COURANTS DES PUISSANCES
## AU 3o AVRIL 1922

On remarquera que la répartition des actifs liquides reçus entre le 11 novembre 1918 et le 3o avril 1922 indiquée au tableau II ne correspond pas aux créances respectives des Puissances sur ces actifs pour le coût des Armées d'occupation telles qu'elles apparaissent au tableau VI. Les Puissances qui avaient supporté des dépenses d'occupation avaient le droit, aux termes du Traité, de recevoir une part de la valeur des divers actifs liquides proportionnée auxdites dépenses et par priorité sur les autres Puissances qui n'avaient pas fait de dépenses de ce genre. Toutefois, pour éviter que les Alliés fussent obligés d'effectuer entre eux des payements en espèces, l'Accord financier de Spa, signé le 16 juillet 1920, a ajourné les redressements nécessaires jusqu'à une date postérieure au 3o avril 1921, ces redressements d'écriture intéressant les comptes de la Commission des Réparations avec les Puissances recevant une part des réparations et non le compte avec l'Allemagne.

Le tableau suivant indique à la Partie I comment les créances de la Grande-Bretagne et de la France, qui n'étaient pas éteintes au 1er mai 1921 ont été en partie liquidées par le transfert à ces Puissances d'une partie des espèces reçues de l'Allemagne postérieurement à cette date. Il convient d'ajouter à titre d'explication de la première colonne du tableau que la priorité sur le payement des réparations proprement dites a été accordée à une créance autre que celle qui est constituée par le droit au remboursement des dépenses des Armées d'occupation. Cette créance est désignée dans ladite colonne par les mots « Avances sur charbon » et résulte d'un accord intervenu à Spa en juillet 1920. Par cet accord, la Grande-Bretagne, la France, l'Italie et la Belgique versaient à l'Allemagne certaines avances remboursables sur les livraisons en nature ultérieures pour permettre à cette Puissance d'accroître ses livraisons de charbon en exécution du Traité.

La seconde partie du tableau indique la situation des diverses Puissances au 30 avril 1922, en ce qui concerne les livraisons faites en exécution de l'Etat des Payements à partir du 1er mai 1921, compte tenu des créances résultant des dépenses d'occupation effectuées pendant la même période.

Le débit passé à la France comprend, conformément à l'Arrangement financier interallié du 11 mars 1922, une somme de 300 millions de mark-or pour la valeur des mines de la Sarre ; en ce qui concerne le compte de l'Allemagne, ces mines constituent une cession dont la valeur est créditée au compte de la dette en capital l'année où la cession a été effectuée.

# RÉSUMÉ DES SOLDES (PROVISOIRES) SUR COMPTES COURANTS DES PUISSANCES AU 30 AVRIL 1922
*établi d'après les écritures portées définitivement ou provisoirement en compte*

## A. — COMPTE ANTÉRIEUR AU 1er MAI 1921
(Les chiffres du tableau ci-dessous sont indiqués en milliers pour en faciliter la lecture)

| | AVANCES SUR CHARBON ET COÛT DES ARMÉES AU 30 Avril 1921 | LIVRAISONS EN NATURE AU 30 Avril 1921 EN VERTU DES ANNEXES DU TRAITÉ ET DE L'ARMISTICE | SOLDES DES PUISSANCES A L'EXCLUSION DES DÉBITS POUR BIENS IMMOBILIERS ET VERSEMENTS D'ESPÈCES DEPUIS LE 1er Mai 1921 | DÉBITS POUR VERSEMENTS D'ESPÈCES DEPUIS LE 1er Mai 1921 | SOLDES AU Avril 1922 A L'EXCLUSION DES CESSIONS BIENS D'ÉTAT | CESSIONS DE BIENS IMMOBILIERS A DÉBITER DÉFINITIVEMENT OU PROVISOIREMENT | SOLDES GÉNÉRAUX SUR COMPTES ANTÉRIEURS AU 1er Mai 1921 |
|---|---|---|---|---|---|---|---|
| | Crédit | Débit | Soldes | | | | |
| Grande-Bretagne.. | 995 330 | 297 246 | Cr. 698 084 (000) | 637 599 | Cr. 60 485 (000) | Concession à Shameen. 538 | Cr. 59 947 (000) |
| France. . . . . . | 1 281 518 | 982 696 | Cr. 298 822 (000) | 140 307 | Cr. 58 515 (000) | Shanghaï . . . . . . . 2 042 | Cr. 156 473 (000) |
| Italie. . . . . . | 39 104 | 83 978 | Dr. 44 874 (000) | » | Dr. 44 874 (000) | . . . . . . . . . . . . | Dr. 44 874 (000) |
| Japon.. . . . . . | » | 8 965 | Dr. 8 965 (000) | » | Dr. 8 965 (000) | Kiao-Tchéou. . . . . . 59 000 | Dr. 67 965 (000) |
| Belgique. . . . . | 208 169 | 556 674 | Dr. 348 505 (000) | » | Dr. 48 505 (000) | Eupen-Malmedy. . . . 635 | Dr. 349 140 (000) |
| Grèce.. . . . . . | » | 5 318 | Dr. 5 318 (000) | » | Dr. 5 318 (000) | . . . . . . . . . . . . | Dr. 5 318 (000) |
| Pologne . . . . . | » | 14 705 | Dr. 14 705 (000) | » | Dr. 14 705 (000) | Biens et Emprunts d'État 1 730 582 | Dr. 1 745 287 (000) |
| Roumanie.. . . . | » | 4 536 | Dr. 4 536 (000) | » | Dr. 4 536 (000) | . . . . . . . . . . . . | Dr. 4 536 (000) |
| État Serbe-Croate-Slovène.. . . . . | » | 82 | Dr. 82 (000) | » | Dr. 82 (000) | . . . . . . . . . . . . | Dr. 82 (000) |
| Tchéco-Slovaquie. | » | 6 848 | Dr. 6 848 (000) | » | Dr. 6 848 (000) | Biens et Emprunts d'État 6 031 | Dr. 12 879 (000) |
| Non répartis.. . . | » | 905 | » | » | » | » | » |

**Non répartis** ET ÉLÉMENTS D'ACTIF EN COMPTE D'ATTENTE NON DUS AUX PUISSANCES AU 30 AVRIL 1922 :    M. O.

| | |
|---|---|
| Livraisons d'armistice. . . . . . . . . . . . . . . . . . . . . . . . . . . . . | 59,0 millions |
| Câbles sous-marins. . . . . . . . . . . . . . . . . . . . . . . . . . . . . . . | 49,0 — |
| Biens acquis par la Ville libre de Danizig. . . . . . . . . . . . . . . . . . . . | 305,5 — |
| Bassin de la Sarre : Différence provisoire entre le crédit à l'Allemagne et le débit à la France. | 100,0 — |
| Navires : Différence entre le crédit à l'Allemagne et les débits aux Puissances. . . . . . . . . . | 390,7 — |
| Perte de change. . . . . . . . . . . . . . . . . . . . . . . . . . . . . . . . . | 0,4 — |
| | 904,6 millions |

Reliure serrée

# B. — COMPTE POSTÉIR AU 1er MAI 1921



(Les chiffres du tableau ci-dessous sont ici en milliers pour en faciliter la lecture)

| | COÛT DES ARMÉES — 1er Mai 1921 AU 30 Avril 1922 | LIVRAISONS EN NATURE ET ACTE DE RECOUVREMENT DES RÉPARATIONS | ...S A L'EXCLUSION DES ...ITS OU CRÉDITS POUR ...MENTS D'ESPÈCES | VERSEMENTS D'ESPÈCES | SOLDES AU 30 Avril 1922 |
|---|---|---|---|---|---|
| États-Unis . . . . . . . . . . . . . . | 56 160 | » | 56 160 (000) | . . . . . . . . . . . . . . . . | Cr. 56 160 (000) |
| Grande-Bretagne . . . . . . . . . . . | 10 787 | 116 018 | 105 231 (000) | Gain de change sur £ sterling garanties. . . Cr. 868 | Dr. 104 363 (000) |
| France (comprenant M. O. 300 millions pour Mines de la Sarre). . . . . . . | 164 160 | 519 927 | 355 707 (000) | Gain de change sur francs garantis . . . . Cr. 2.147 | Dr. 353 620 (000) |
| Italie . . . . . . . . . . . . . . . . . | » | 73 250 | 73 250 (000) | . . . . . . . . . . . . . . . . | Dr. 73 250 (000) |
| Japon . . . . . . . . . . . . . . . . . | » | 12 | 12 (000) | . . . . . . . . . . . . . . . . | Dr. 12 (000) |
| Belgique. . . . . . . . . . . . . . . . | 35 639 | 65 049 | 29 410 (000) | Espèces réparties suivant Décision du 29 juillet 1921. Dr. 669.647 | Dr. 699 057 (000) |
| Grèce . . . . . . . . . . . . . . . . . | » | 1 528 | 1 528 (000) | . . . . . . . . . . . . . . . . | Dr. 1 528 (000) |
| Pologne . . . . . . . . . . . . . . . . | » | » | » | . . . . . . . . . . . . . . . . | Dr. » |
| Roumanie . . . . . . . . . . . . . . . | » | 5 608 | 5 608 (000) | . . . . . . . . . . . . . . . . | Dr. 5 608 (000) |
| État Serbe-Croate-Slovène . . . . . . | » | 51 567 | 51 567 (000) | . . . . . . . . . . . . . . . . | Dr. 51 567 (000) |
| Tchéco-Slovaquie. . . . . . . . . . . | » | 6 409 | 6 409 (000) | . . . . . . . . . . . . . . . . | Dr. 6 409 (000) |
| Non répartis . . . . . . . . . . . . . | » | 38 | » | » | » |

Eléments d'actif **non répartis** aux Puissances au 30 Avril 192[2]

| | | M. O. |
|---|---|---|
| Espèces et Valeurs. . . . . . . . . . . . . . . . . . . . . . . . . . . . . . . . . . . . . | | 33. millions. |
| Somme due par le Luxembourg pour charbon . . . . . . . . . . . . . . . . . . . . . . | | 4.7 — |
| Somme due par la Textile Alliance pour matières colites . . . . . . . . . . . . . . | | 0.1 — |
| | | 37,8 millions. |

# OBLIGATIONS DE L'ALLEMAGNE POUR [EN] VERTU DU MORATORIUM PARTIEL

### ÉTAT AU 30 AVRIL 1922 [P]AYEMENTS EN NUMÉRAIRE
### ET LIVRAISONS EN NAT[URE au] TITRE DU MORATORIUM

| PAYEMENTS ET LIVRAISONS cré[és a]u titre du Moratorium | | EFFECTUÉS<br>au 31 mai 1922 |
|---|---|---|
| | | M. O. |
| **I. — VERSEMENTS [E]SPÈCES** | | |
| a) *Montant versé avant le 21 mars 1922 (date de la Notificat[ion du] Moratorium partiel)* . . . . . . . . . . . . | | 282 454 540,10 |
| b) *Sommes payées entre le 21 mars et le 1er juin 1922.* . . . . . . . . . . . . | | 18 190 964,40 |
| c) *Autres crédits :* | | |
| Vente de livraisons en nature entre le 1er novembre 1921 et [av]ril 1922, considérées comme espèces : | | |
| Charbon au Luxembourg . . . . . . . . . . . . . . . . . . . . . . . . . . | 10 783 828,10 | |
| Colorants . . . . . . . . . . . . . . . . . . . . . . . . . . . . . . . . | 816 515,55 | 11 600 343,65 |
| **TOTAL des versements en espèces a[v]ril 1922** . . . . . . . . . . . . | | 312 245 848,24 |

### 2. — LIVRAISONS [EN N]ATURE

*Livraisons effectuées entre le 1er janvier et le 30 avril 1922 ([comp]ris le Reparation Recovery Act.) :*

| | FRANCE | AUTRES ALLIÉS | |
|---|---|---|---|
| Janvier 1922 . . . . . . . . . | 16 297 204,24 | 32 067 864,05 | |
| Février. . . . . . . . . | 10 402 072,32 | 19 069 415,89 | |
| Mars . . . . . . . . . | 16 159 509,55 | 33 613 535,92 | |
| Avril. . . . . . . . . | 19 109 462,98 | 50 250 952,76 | |
| **TOTAL des livraisons en nature au 30 [avril] 1922** . . . | **61 968 339,09** | **135 002 258,75** | **196 970 597,84** |
| Total g[én]. . . . . . . . . . . | | | 509 216 446,08 |
| Reste à [lo]uer en nature . . . . . . . . . | | | 1 253 029 402,16 |
| Reste à [lo]uer en espèces . . . . . . . . . | | | 407 754 151,76 |
| **TOTAL des obligat[ions]** . . . . . . . . . | | | **2 170 000 000,00** |

# IX

## ÉTAT RÉSUMÉ DES OBLIGATIONS DE L'ALLEMAGNE (30 Avril 1922)

*Établi d'après les écritures définitivement ou provisoirement portées en compte.*

**(Les chiffres du tableau ci-dessous sont indiqués en millions pour en faciliter la lecture.)**

### 1. — Obligations ayant priorité sur les Réparations au 30 Avril 1921.

*Montants débités :*

| | |
|---|---:|
| Avances sur charbon . . . . . . . . | 392 |
| Coût net des Armées d'Occupation au 30 avril 1921. (Armée américaine incluse. — M. O. 1.011 millions). | 3.143 |
| **M. O.** | **3.535 millions.** |

*Montants crédités :*

| | | |
|---|---:|---:|
| a) Livraisons du 11 novembre 1918 au 30 avril 1921 : | | |
| Espèces, B.L.M.G. . . | 18 | |
| — Schleswig, etc. | 66 | |
| Livraisons en nature (Annexes) . . . . . | 1.251 | |
| Livraisons (Armistice). | 1.183 | |
| Câbles, etc. . . . . . | 49 | |
| | | 2.567 |
| b) Recettes entre le 1ᵉʳ mai 1921 et le 30 avril 1922 : | | |
| Vente de Matériel de guerre | 25 | |
| Recettes en zone douanière rhénane réalisées en £ . . . . . | 3 | |
| | | 28 |
| | | 2.595 |
| Solde dû au 30 Avril 1922 . . . | | 940 |
| **M. O.** | | **3.535 millions.** |

### 2. — Dette en Capital.

| | |
|---|---:|
| Montant des obligations au titre des réparations fixé à . . . . . | 132.000 |
| Prêts des Alliés à la Belgique (envir.) | 4.000 |
| **M. O.** | **136.000 millions.** |
| Solde de la Dette (Report) . . . | 133.496 |
| **M. O.** | **136.496 millions.** |

| | |
|---|---:|
| a) Cessions et Biens : | |
| Pologne . . . . . . . . . | 1.731 |
| Sarre . . . . . . . . . | 400 |
| Dantzig . . . . . . . . | 305 |
| Autres . . . . . . . . . | 68 |
| II. Biens . . . a lieu) . . . | — |
| III. Autres crédits en vertu de l'Article 243 . . . . . . . | — |
| IV. Sommes reçues d'autres Puissances ex-ennemies . . . . | — |
| Solde de la Dette . . . . . . . | 133.496 |
| **M. O.** | **136.000 millions.** |
| Bons du Trésor allemand reçus : | |
| Série A . . . . . . . . . . . | 12.000 |
| — B . . . . . . . . . . . | 38.000 |
| — C . . . . . . . . . . . | 82.000 |
| Solde (*) . . . . . . . . . | 1.496 |
| **M. O.** | **133.496 millions.** |

(*) La clôture définitive de ce compte par la création ou l'annulation de Bons, série C, nécessite l'attribution de valeurs aux rubriques I-IV du chapitre (b) ci-dessus.

### 3. — Coût net des Armées du 1ᵉʳ Mai 1921 au 30 Avril 1922.

| | |
|---|---:|
| Grande-Bretagne . . . . . . . . | 11 |
| France (frais spéciaux pour la Ruhr compris) . . . . . . . | 164 |
| Belgique . . . . . . . | 36 |
| **M. O.** | **211 millions.** |
| Etats-Unis . . . . . . . . | 56 *non encore remboursés.* |

| | |
|---|---:|
| Livraisons en nature appliquées au remboursement . . . . . . . } | 11 · 164 · 26 |
| **M. O.** | **211 millions.** |

### 4. — Compte de l'État des payements du 1ᵉʳ Mai 1921 au 30 Avril 1922.

| | |
|---|---:|
| Echéance due le 31 mai 1921 . . . | 1.000 |
| — 15 nov. | 300 |
| — 15 janv. 1922 . . | 500 |
| — 15 févr. . . . . | 270 |
| — 15 avril . . . . | 500 |
| **M. O.** | **2.570** |
| Solde dû sur échéances . . . . . | 965 |

| | |
|---|---:|
| Excédent des livraisons aux Puissances sur le coût net des armées à imputer sur l'échéance du 15 avril 1922. | 266 |
| Charbon pour le Luxembourg. . . . | 23 |
| Matières colorantes etc., Ventes diverses | 2 |
| Versements en numéraire par l'Allemagne. | 1.314 |
| Solde dû au 15 avril 1922 . . . . . . | 965 |
| **M. O.** | **2.570 millions.** |

# APPENDICE

---

## TRAITÉ DE VERSAILLES

* * * * * * * * * * * * * * *

### Article 235

Afin de permettre aux Puissances alliées et associées d'entreprendre dès maintenant la restauration de leur vie industrielle et économique, en attendant la fixation définitive du montant de leurs réclamations, l'Allemagne payera, pendant les années 1919 et 1920 et les quatre premiers mois de 1921, en autant de versements et suivant telles modalités (en or, en marchandises, en navires, en valeurs ou autrement) que la Commission des Réparations pourra fixer, l'équivalent de 20 000 000 000 (vingt milliards) mark-or à valoir sur les créances ci-dessus ; sur cette somme, les frais de l'Armée d'occupation après l'Armistice du 11 novembre 1918 seront d'abord payés, et telles quantités de produits alimentaires et de matières premières, qui pourront être jugées par les Gouvernements des Principales Puissances alliées et associées, nécessaires pour permettre à l'Allemagne de faire face à son obligation de réparer, pourront aussi, avec l'approbation desdits Gouvernements être payées par imputation sur ladite somme. Le solde viendra en déduction des sommes dues par l'Allemagne à titre de réparations. L'Allemagne remettra en outre les bons prescrits au paragraphe 12 (c) de l'Annexe II ci-jointe.

## ARTICLE 236

L'Allemagne accepte, en outre, que ses ressources économiques soient directement affectées aux réparations, comme il est spécifié aux Annexes III, IV, V et VI, relatives respectivement à la marine marchande, aux restaurations matérielles, au charbon et à ses dérivés, aux matières colorantes et autres produits chimiques : étant toujours entendu que la valeur des biens transférés et de l'utilisation qui en sera faite conformément auxdites Annexes sera, après avoir été fixée de la manière qui y est prescrite, portée au crédit de l'Allemagne et viendra en déduction des obligations prévues aux articles ci-dessus.

## ARTICLE 237

Les versements successifs, y compris ceux visés aux articles précédents, effectués par l'Allemagne pour satisfaire aux réclamations ci-dessus, seront répartis par les Gouvernements alliés et associés suivant les proportions déterminées par eux à l'avance et fondées sur l'équité et les droits de chacun.

En vue de cette répartition, la valeur des biens transférés et des services rendus conformément à l'Article 243 et aux Annexes III, IV, V, VI et VII sera calculée de la même façon que les payements effectués la même année.

*       *       *       *       *       *       *       *       *       *       *       *       *

## ARTICLE 243

Seront portés au crédit de l'Allemagne, au titre de ses obligations de réparer, les éléments suivants :

a) Tout solde définitif en faveur de l'Allemagne visé à la section V (Alsace-Lorraine) de la Partie III (Clauses politiques européennes) et aux Sections III et IV de la Partie X (Clauses économiques du présent traité);

b) Toutes sommes dues à l'Allemagne du chef des cessions visées à la Section IV (Bassin de la Sarre) de la Partie III (Clauses politiques européennes), à la Partie IX (Clauses financières) et à la Partie XII (Ports, Voies d'eau et Voies ferrées);

c) Toutes sommes que la Commission jugerait devoir être portées au crédit de l'Allemagne à valoir sur tous autres transferts de propriétés, droits, concessions, ou autres intérêts prévus par le présent Traité;

En aucun cas, toutefois, les restitutions effectuées en vertu de l'Article 238 de la présente partie ne pourront être portées au crédit de l'Allemagne.

. . . . . . . . . . . . . . . . . .

## ARTICLE 248

Sous réserve des dérogations qui pourraient être accordées par la Commission des Réparations, un privilège de premier rang est établi sur tous les biens et ressources de l'Empire et des États allemands, pour le règlement des réparations et autres charges résultant du présent traité, ou de tous autres traités et conventions complémentaires, ou des arrangements conclus entre l'Allemagne et les Puissances alliées et associées pendant l'Armistice et ses prolongations.

Jusqu'au 1er mai 1921, le Gouvernement allemand ne pourra ni exporter de l'or ou en disposer, ni autoriser que de l'or soit exporté ou qu'il soit disposé sans autorisation préalable des Puissances alliées et associées représentées par la Commission des Réparations.

## Article 249

Le coût total d'entretien de toutes les Armées alliées et associées dans les territoires allemands occupés sera à la charge de l'Allemagne à partir de la signature de l'Armistice du 11 novembre 1918, y compris la subsistance des hommes et animaux, le logement et le cantonnement, les soldes et accessoires, les traitements et salaires, le couchage, le chauffage, l'éclairage, l'habillement, l'équipement, le harnachement, l'armement et le matériel roulant, les services de l'aéronautique, le traitement des malades et blessés, les services vétérinaires et de la remonte, les services des transports de toute nature (tels que par voie ferrée, maritime ou fluviale, camions automobiles), les communications et correspondances, et en général tous les services administratifs et techniques, dont le fonctionnement est nécessaire à l'entraînement des troupes, au maintien de leurs effectifs et de leur puissance militaire.

Le remboursement de toutes dépenses rentrant

dans les catégories ci-dessus, en tant qu'elles correspondent à des achats ou réquisitions effectués par les Gouvernements alliés et associés dans les territoires occupés, sera payé en mark au taux du change courant ou accepté, par le Gouvernement allemand, aux Gouvernements alliés et associés. Toutes les autres dépenses ci-dessus énumérées seront remboursées en mark-or.

## ARTICLE 251

Le privilège établi par l'Article 248 s'exercera dans l'ordre suivant, sous la réserve mentionnée au dernier paragraphe du présent Article :

a) Le coût des Armées d'occupation, tel qu'il est défini à l'Article 249, pendant l'Armistice et ses prolongations ;

b Le coût de toutes Armées d'occupation, tel qu'il est défini à l'Article 249, après la mise en vigueur du présent traité ;

c) Le montant des réparations résultant du présent traité ou des traités ou conventions complémentaires ;

d) Toutes autres charges incombant à l'Allemagne en vertu des conventions d'Armistice, du présent traité ou des traités et conventions complémentaires.

Le payement du ravitaillement de l'Allemagne en denrées alimentaires et en matières premières et tous autres payements à effectuer par l'Allemagne, dans la mesure où les Gouvernements alliés et associés les auront jugés nécessaires pour permettre à l'Allemagne de faire face à son obligation de réparer, auront priorité dans la mesure et dans les conditions qui ont été ou pourront être établies par les Gouvernements alliés et associés.

---

# ACCORD INTERALLIÉ DE SPA
## 16 JUILLET 1920

### ARTICLE 6

1. L'Allemagne ayant, par l'Annexe III de la Partie VIII (Réparations) du Traité de Versailles, et l'Autriche et la Hongrie ayant, par des dispositions correspondantes des Traités de Saint-Germain et de Trianon, reconnu le droit des Puissances alliées et associées au remplacement, tonne par tonne et catégorie pour catégorie, de tous les navires de commerce et bateaux de pêche perdus ou endommagés par faits de guerre et étant donné la grande difficulté de fixer une valeur équitable pour les navires livrés sans avoir tout d'abord procédé à une vente réelle de la majorité de ces navires, il est convenu ce qui suit :

La vente des navires attribués à l'Empire Britannique sera effectuée avant le 1er mai 1921 par la Commission des Réparations sur le marché britannique et ces navires ne seront adjugés qu'à des ressortissants britanniques.

Le montant des sommes qui seront à porter au crédit de la Puissance ex-ennemie et au débit de l'Empire Britannique relativement aux navires de commerce et aux bateaux de pêche qui lui seront attribués ou ultérieurement transférés en vertu d'arrangements interalliés sera, sous réserve des règlements de compte rendus nécessaires par les réparations ou les dépenses de livraison, le montant du prix réel réalisé par lesdites ventes.

En ce qui concerne les autres Puissances, le montant des sommes à porter à leur débit, relativement aux navires de commerce et aux bateaux de pêche qui leur sont attribués ou leur seront ultérieurement transférés en vertu d'arrangements interalliés, sera la moyenne des prix, sous réserve des règlements de compte comme ci-dessus, réalisés par la vente de navires similaires de chaque classe sur le marché britannique.

Les valeurs ainsi déterminées seront portées au débit de la Puissance alliée et au crédit de la Puissance ex-ennemie intéressée, sous les dates suivantes :

En ce qui concerne l'Allemagne, sous la date du 10 janvier 1920 ou à la date de la livraison du navire, si celle-ci est ultérieure ; en ce qui concerne l'Autriche et la Hongrie, sous les dates respectives de l'entrée en vigueur des Traités de Paix avec ces pays.

Un intérêt annuel de 5 o/o à partir de ces dates, et jusqu'à la date de la vente, ou jusqu'au 1er mai 1921, si les navires ne sont pas vendus avant cette date, sera porté au débit de l'Empire Britannique au titre des navires qui lui sont attribués ou transférés, et au crédit du compte spécial d'intérêts prévus à l'Article 4.

En ce qui concerne chacune des autres Puissances, une somme globale sera portée au débit de cette Puissance à titre d'intérêt et portée au crédit du compte spécial d'intérêts. Cette somme présentera, vis-à-vis de la somme totale portée au débit de l'Empire Britannique à titre d'intérêts, la même proportion que la valeur du montant total du tonnage attribué ou transféré à cette Puissance présente vis-à-vis de la valeur du tonnage total attribué ou transféré à l'Empire Britannique.

2. Aucune somme ne sera portée au débit d'une Puissance alliée, à laquelle des navires allemands auraient été attribués, pour l'utilisation de ces navires postérieurement à la date de la mise en vigueur des Traités respectifs.

3. Dans le cas des navires transférés, la location de ces navires jusqu'à leur transfert sera payée aux Puissances transférantes par la Puissance à qui les navires sont transférés. Les payements seront effectués en déduisant le montant du prix de location, plus 5 o/o d'intérêts par an à partir de la date du transfert, des premiers payements soumis au pourcentage, autres que les payements en nature ou services rendus, et qui auraient été reçus par la Puissance à qui les navires ont été transférés, soit de l'Allemagne, soit de l'Autriche, soit de la Hongrie, quelle que soit celle de ces Puissances qui effectue les premiers versements. Le montant ainsi déterminé

sera ajouté au premier payement soumis au pourcentage et reçu par la Puissance transférante.

4. Après l'allocation finale du tonnage par la Commission des Réparations, la Belgique recevra sur les parts des autres Puissances participant à la répartition du tonnage, une quantité de tonnage suffisante pour lui constituer une allocation équivalente tonne pour tonne au tonnage des navires condamnés après l'Armistice par la Cour des Prises belge. Le tonnage ainsi alloué sera approximativement du même âge, du même type et de la même valeur que les navires condamnés. La contribution de chacune des Puissances transférantes sera en proportion de ses réclamations admises à l'allocation tonne pour tonne du tonnage ex-ennemi.

La valeur des navires alloués ou transférés à la Belgique sera portée au débit des Puissances transférantes dans la proportion suivant laquelle elles contribuent au transfert de ces navires.

La condamnation des navires ci-dessus visés par la Cour des Prises belge n'étant pas reconnue par les Puissances Alliées, la Belgique, tout en maintenant la validité de ces jugements, et en considération du transfert de tonnage mentionné dans le présent paragraphe 4, s'engage à ne réclamer aucun droit sur lesdits navires, en se prévalant de leur condamnation.

# ARRANGEMENT FINANCIER INTERALLIÉ
## DE PARIS, 11 MARS 1922

Les Gouvernements de la Belgique, de la France, de la Grande-Bretagne, de l'Italie et du Japon, respectivement représentés par les soussignés, ont convenu des dispositions qui suivent :

### ARTICLE 1er

I. — Les payements à effectuer par l'Allemagne au titre des frais des Armées d'occupation de la Belgique, de la Grande-Bretagne et de la France postérieurs au 1er mai 1922 sont fixés aux montants annuels suivants, les dépenses visées aux articles 8 à 12 de l'Arrangement du 28 juin 1919 exclues :

Francs belges.............  102.000.000
Livres sterling............  2.000.0000
Francs français...........  460.000,000

II. — Les chiffres ci-dessus correspondent aux effectifs suivants :

Armée belge................  19.300
Armée britannique..........  15.000
Armée française............  90.400

Ils ont été établis sur la base d'un montant total de 220 millions de mark-or. De ce montant on a déduit tout d'abord, pour être allouée à l'Armée Britannique afin de couvrir son coût plus élevé, une somme de 10.950.000 mark-or, correspondant à un supplément de 2 mark-or par homme et par jour. Le surplus, soit 209.050.000 mark-or, a été réparti au pro-rata des effectifs envisagés. Les conversions en monnaies nationales ont été faites au cours moyen des changes de décembre 1921.

III. — Les chiffres ci-dessus, définitivement fixés au regard de l'Allemagne pour l'année commençant le 1er mai 1922, pourront être revisés avant le 1er mai de chacune des années postérieures à 1922, pour l'année suivante commençant le 1er mai conformément aux règles ci-après :

1° Il y aura lieu à augmentation si l'effectif global des trois armées est augmenté en compensation d'une diminution égale de l'effectif américain ; l'augmentation sera proportionnelle à l'augmentation d'effectifs, compte tenu, dans la mesure où il y aura lieu, du supplément de 2 mark-or par homme et par jour pour l'armée britannique ;

2° Il y aura lieu à diminution si l'effectif global des trois armées est réduit. La diminution sera proportionnelle à la réduction d'effectifs, compte tenu, dans la mesure où il y aura lieu, du supplément de 2 mark-or par homme et par jour pour l'armée britannique. Il y aura lieu également à diminution si l'effectif britannique est réduit sans variation de l'effectif global, de manière à tenir compte de la suppression partielle du supplément de 2 mark-or par homme et par jour alloué à l'armée britannique.

Pourtant, aucune réduction ne sera effectuée tant que le coût des trois armées, calculé sur la base du coût unitaire français avec le supplément de 2 mark-or par homme et par jour pour l'armée britannique, ne sera pas inférieur à la charge totale stipulée au paragraphe I.

3° Si la dépense pour une année de l'ensemble des trois armées calculée sur la base du coût du soldat français avec supplément de 2 mark-or par jour pour le soldat britannique est inférieur à la charge totale fixée pour l'année, la différence sera bonifiée à l'Allemagne sur le montant à payer l'année suivante.

IV. — L'Allemagne payera aux Gouvernements belge, britannique et français, respectivement en douze mensualités, les sommes fixées au paragraphe I, sous réserve des dispositions de l'Article 2 ci-après.

Les Gouvernements belge, britannique et français feront entre eux, à la fin de chaque année commençant le 1er mai, les ajustements nécessaires pour que la somme définitivement attribuée à chacun d'eux pour l'année corresponde aux effectifs moyens réels entretenus par chacun d'eux pendant l'année.

V. — Les Gouvernements intéressés arrêteront également chaque, année, et tout d'abord pour l'année commençant le 1er mai 1922, le montant des sommes en mark-papier destinées à couvrir les dépenses des prestations mises à la charge de l'Allemagne par les Articles 8 à 12 de l'Arrangement de Versailles du 28 juin 1919 et les règles de répartition de ce montant entre les trois armées.

VI. — Si les dispositions spéciales d'ordre militaire sont décidées par les Puissances Alliées à titre de mesures de précaution et de coercition, les dépenses en résultant seront réclamées à l'Allemagne par application de l'Article 249 du Traité de Versailles en sus des montants ci-dessus définis.

### ARTICLE 2

Les Gouvernements signataires confirment le mandat qu'ils ont donné à la Commission des Réparations d'assurer le recouvrement des frais des Armées d'Occupation, et d'en faire l'objet d'un compte distinct. Ils demandent également que la Commission des Réparations prenne en considération les obligations de l'Allemagne telles qu'elles résultent d'une part de l'État des Payements, de l'autre de l'Article 249 du Traité, lorsqu'en réponse à la note allemande du 28 janvier 1922, elle fixera le montant des payements à effectuer par l'Allemagne pendant l'année 1922, tant en espèces qu'en nature.

Ils lui demandent également de débiter chacune des Puissances intéressées au compte des frais de son Armée d'Occupation du 1ᵉʳ mai 1921 au 31 décembre 1922, à due concurrence, de la valeur des prestations en nature reçues par elle pendant la même période (y compris le produit du *Reparation Recovery Act* et de toutes dispositions législatives correspondantes prises en exécution de la décision des Gouvernements alliés du 3 mars 1921).

. . . . . . . . . . . . . . . . . . . . . . . . . . . . .

### ARTICLE 6

Dans la limite de la part qui lui est allouée, chacune des Puissances ayant un crédit au titre des réparations conservera, sans pouvoir être tenue à quelque époque que ce soit à aucun reversement en espèces, la valeur des livraisons en nature reçues par elle jusqu'au 21 décembre 1922, y compris le produit du *Reparation Recovery Act* britannique et de toutes dispositions législatives correspondantes prises par les autres Puissances Alliées en exécution de la décision des Gouvernements Alliés du 3 mars 1921.

Pour déterminer en 1923 et les années suivantes la part de chaque Puissance sur les payements effectués par l'Allemagne au titre des réparations, il sera tenu compte, sous réserve des dispositions des Articles 4 et 5 (1) et de tous les accords interalliés antérieurs, des sommes reçues par cette Puissance au titre des Réparations, jusqu'au 31 décembre 1922, majorées des intérêts à 5 o/o l'an, à partir du 1ᵉʳ janvier 1923.

. . . . . . . . . . . . . . . . . . . . . . . . . . .

### Article 8

Sur le montant des versements en espèces effectués par l'Allemagne en 1921 en exécution de l'Article 5 de l'État des payements, il sera prélevé par application des dispositions de l'Article 261 du Traité de Versailles et de l'Accord interallié du 16 juin 1919 relatif à la priorité belge :

a) 500 millions de mark-or pour être attribués à la

(1) Les articles 4 et 5 sont relatifs aux accords de Wiesbaden.

Grande-Bretagne à valoir sur les frais de son Armée d'occupation avant le 1er mai 1921.

*b)* 140 millions de mark-or pour être attribués à la France à valoir sur les frais de son Armée d'occupation avant le 1er mai 1921.

Le surplus desdits versements en espèces ainsi que ceux qui seront effectués après 1921 seront attribués à la Belgique en acompte sur sa priorité jusqu'à extinction de cette dernière, excepté toutefois la somme de 172 millions de lires italiennes actuellement déposées à la Banque d'Italie qui sera allouée à l'Italie en compte « Réparations ».

Le reliquat des soldes créditeurs de la Grande-Bretagne et de la France au 1er mai 1921 sera remboursé à dater du présent Arrangement par prélèvements égaux sur les ressources ci-après, jusqu'à extinction de ces soldes :

*a)* Recettes en espèces réalisées par la Commission des Réparations après le 1er mai 1921 en dehors des annuités de l'État des Payements ;

*(b)* Après extinction de la priorité belge, premières recettes en espèces réalisées par la Commission des Réparations en dehors ou au titre des annuités de l'État des Payements.

Il ne sera crédité ou débité aucun intérêt en ce qui concerne les règlements visés au présent Article.

## ARTICLE 9

La France sera débitée, dans les comptes de répartitions, de la valeur des mines de la Sarre jusqu'à concurrence de 300 millions de mark-or dans les mêmes conditions que s'il s'agissait d'une livraison en nature effectuée en 1922 ; les dispositions de l'Article 6 du présent Arrangement seront applicables à ce débit. Au cas où la valeur des mines de la Sarre fixée par la Commission des Réparations serait supérieure à 300 millions de mark-or, l'excédent serait réglé par la répartition entre les Puissances participant aux Réparations, d'Obligations « C » pour un montant égal audit excédent prélevé sur la part de la France dans le total des Obligations « C ».

IMPRIMERIE DE J. DUMOULIN, A PARIS 1117.9.22

www.ingramcontent.com/pod-product-compliance
Ingram Content Group UK Ltd.
Pitfield, Milton Keynes, MK11 3LW, UK
UKHW031817170726
13836UKWH00003B/1447